AF232162

LK
3736

NOTICE

SUR

LA GROSSE TOUR DU HAVRE

DITE DEPUIS

LA TOUR FRANÇOIS IER

Par M. l'Abbé LECOMTE

VICAIRE DE ST-FRANÇOIS DU HAVRE

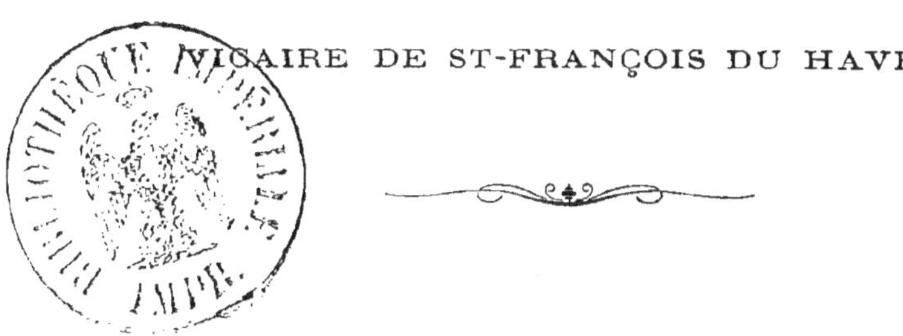

HAVRE

IMPRIMERIE LEPELLETIER, PLACE LOUIS-PHILIPPE, 12.

1862

NOTICE SUR LA GROSSE TOUR DU HAVRE

DITE DEPUIS

LA TOUR FRANÇOIS Ier

Franciscus rex oppidum quadrangulum condidit, et in uno quoque angulo, longum, latum que propugnaculum extruxit, nisi ad portûs initium ubi angulum facit FIRMA TURRIS instar adamantinæ cuspidis acuminata.

BELCARIUS, episc Met. lib 50

Le roi François fonda une ville forte de forme quadrangulaire, et dans chaque angle il éleva un bastion large et long, excepté à l'entrée du port où fait angle une TOUR FORTIFIÉE dont les pierres sont taillées en pointe de diamant.

BEAUCAIRE, évêque de Metz, liv. 30

Nos anciennes archives font mention de trois tours. la grosse tour du Havre , commencée en 1516 par messire Guyon Leroy, sieur du Chillou, capitaine de Honfleur et vice-amiral de France ; la Tour Vidame, élevée en 1562, dans les premiers troubles de la ville, au bout de la jetée du sud, par Jean de Ferrières, sieur de Maligny, vidame de Chartres (1), et la Tour d'Oise, construite en 1588 au commencement de la jetée du sud-est, près *le Havre aux bretons*, par André de Brancas, sieur de Villars, baron d'Oise, gouverneur du Havre-de-Grâce (2). Nous avons vu disparaître, vers 1843, les restes de la Tour Vidame, qui porte aujourd'hui sur ses fondations les murailles d'un brise-lames, et la Tour d'Oise, devenue inutile dans le nouveau système de fortifications, avait été abattue dès 1638, après cent ans d'existence, et remplacée par des casemates et un magasin à poudre à l'épreuve de la bombe.

Aujourd'hui que la grosse Tour qui protège depuis plus de trois siècles l'entrée du Havre-de-Grâce est aussi condamnée à disparaître, il nous a paru utile, tandis que les assises de son couronnement tombent sous le marteau démolisseur, de rechercher et de transcrire les faits qui s'y rattachent et les principaux événements dont elle fut le théâtre. L'enfant de la cité, qui a joué sous ses murailles à pointes de diamants, contemplé mille fois la haute mer de sa plate-forme, salué ses pavillons au retour de lointains voyages, regarde démolir *sa Tour*, la tristesse et le regret dans l'âme, et il aimera peut-être à relire ces quelques lignes écrites pour lui rappeler le souvenir de sa vieille amie.

Pour ce qui concerne l'origine et la construction de la

---

(1) L'un des trente capitaines-députés pour la conjuration d'Amboise.

(2) Fils d'Ennemand de Brancas et de Catherine de Joyeuse, il fut seigneur de Villars, amiral de France, capitaine de cent hommes d'armes, lieutenant-général pour le roi au balliage de Rouen, de Caux et du Pont-de-l'Arche, il succéda en 1587 à l'amiral de Joyeuse, son parent, dans le gouvernement du Havre-de-Grâce. Fait prisonnier à Dourlens par les Espagnols, il fut tué de sang-froid, par l'ordre de Contéras, le 24 Juillet 1595. Son cœur est inhumé devant l'autel de la chapelle de la Ste Vierge à Notre-Dame. Les habitants du Havre ont toujours eu ce seigneur en grande recommandation, on a fait célébrer pour lui jusqu'en 1706, le jour des morts, un grand service à Notre-Dame où le corps de ville assistait en cérémonie.

grosse Tour du Havre, je ne puis mieux faire que de rapporter ici le texte de l'abbé Biot (1), dont le manuscrit terminé dans les premières années du xviiie siècle n'est lui-même qu'un extrait fidèle et consciencieux de nos vieilles chroniques. « En la dite année 1516, la charge de la construction de la ville fut donnée à messire Guyon Le Roy, chevalier, sieur du Chilou et Poitou, seigneur de qualité, premier gouverneur et capitaine de la ville de par le Roi, etc..... (2) Messire Guyon fist bastir la grosse Tour et la maison de ville pour lui et pour les siens, où l'on voit ces pierres rondes en pointes de diamants, comme aux grosses Tours de Gênes et au château de Dourlans. »

L'auteur d'un autre mémoire manuscrit sur le Havre et ses antiquités, M. Levéziel, note que « la grosse Tour qui fait l'entrée du port fut aussi la première des fortifications de cette ville, que l'on commença à l'édifier après que *Sa Majesté* se fut départie du dessein de bâtir un château, Tour ou forteresse au lieu lors vulgairement appelé *la Cuqucrue* ou *la Mare des Chevaliers* (3), près le chef de Caux, et que la clôture de pierre de taille faite par dehors en demi boulet et en pointes de diamants éloignées d'environ deux pieds

---

(1) Pierre Biot, né au Havre, choriste à St-François en 1697, a laissé des mémoires intéressants.

(2) Fils de Guillaume Leroy et de Françoise de Fontenais, il descendait par son aïeule paternelle, au dixième degré, du roi Louis-le-Gros. Il servit les rois Louis XI, Charles VIII, Louis XII et François 1er. Il servit Louis XII à la conquête de Gênes, et ce prince l'institua le 25 Janvier 1513, général de ses armées navales contre les Anglais. Il était vice-amiral du roi en Normandie, et commis par lui à faire les devis, prix et marchés pour la construction du Havre de Grâce, lorsque François 1er lui ordonna 100 livres par mois par lettres données à Avignon le 22 Septembre 1524. Guyon Leroy mourut en 1533.

(3) A peu près à l'endroit où se trouve le palais de la reine Marie-Christine, sur le chemin de Ste-Adresse.

marque encore la façon du sieur de Chillou (1), qui fit mettre
sur la seule porte qui est du côté de la ville la statue équestre
du roi François Ier. » Le chroniqueur havrais Guillaume de
Marceilles (2), procureur du Roi et trésorier-comptable de
l'église Notre-Dame en 1564, nous a laissé aussi une sorte de
description de la grosse Tour « assise autant dedans que hors
de terre ; au bas il y a plusieurs chambres, et au milieu une
belle grande salle voultée de pierres de taille, dedans laquelle
y a plusieurs cachots et y a en icelle plusieurs esclaires à tirer
l'artillerie, et si y a eu une fonteine bien industrieusement pratiquée, dont le cours a été surcis. — Cette Tour est fort espoisse
et a sa closture de pierres de taille faite par dehors à figure de
demy boulle et à pointe de diamants. Il y a deux petites maisons
assises sur le dessus de ladite Tour. » Guillaume de Marceilles ajoute que la porte d'entrée de la Tour était surmontée
et ornée de la statue équestre du roi François Ier armé en
guerre, qui, de son temps, était déjà dégradée et endommagée « à cause du gros air de la mer. » C'est à la présence de
cette statue, aussi bien qu'au souvenir du souverain fondateur
de la ville, que la grosse Tour du Havre-de-Grâce dût le nom
qu'elle porta plus tard, et qui lui est resté, de Tour François Ier.

---

(1) Guyon Le Roy avait déjà fait construire deux tours semblables, à
Gênes, sous le roi Louis XII, qui l'en avait nommé lieutenant, et une
autre à Dourlans.

(2) Guillaume-Jean-Louis de Marceilles naquit dans cette ville, Françoise de Grâce, le 1er janvier 1530. Son père était gouverneur du château
de Graville et marguillier de Notre-Dame en 1536. Cette famille devait
jouir d'une grande considération dans la ville, elle eut l'honneur de loger
la suite titrée de la reine d'Écosse lorsque cette princesse revint en
France. Guillaume de Marceilles obtint, en 1556, la charge de procureur
du roi près le tribunal du baillage qui venait d'être érigé. Il écrivit ses
mémoires en 1594 ; mais il ne les porte que jusqu'à l'année 1590. Magis-
trat intègre et fervent catholique, témoin oculaire des événements qu'il
raconte, ou dépositaire des récits de son père sur la cité naissante, de
Marceilles a droit à toute notre confiance. Toute sa chronique, dit M. Jal,
a l'apparence d'un tableau naïf fait d'après nature par un peintre fidèle.
Les mémoires de Guillaume de Marceilles ont été publiés pour la première fois au Havre en 1847, par M. J. Morlent.

M. Victor Toussaint, avocat au barreau du Havre et admi-
nistrateur du bureau de bienfaisance, produit, dans un travail
qu'il a publié récemment sur la Tour, deux documents qui
ont leur intérêt et qu'il me permettra de consigner ici ; c'est
d'abord un compte de dépenses, du 8 Juillet 1548, ordonnancé par le sieur de Chillou, qui établit qu'à cette époque
les portes de la Tour étaient en place, puis un autre compte
ordonnancé par Charles de Moy (1) seigneur de la Mailleraye
et de Graville, gouverneur du Havre, daté du 30 Septembre
1532, qui porte qu'en cette année *il fut fourni six pièces de
bois pour servir de chantier à trois canons étant dessus la
Tour dudit Havre, et que l'entrepreneur fournit des hommes
et engins pour lever et mettre ces canons sur l'avant-mur de la
Tour, pendant qu'on en faisait le pavement.* Ce qui permet de
croire à l'assertion du bénédictin Dom Toussaint Duplessis
qui veut, comme Levéziel, que la grosse Tour n'ait été en-
tièrement achevée qu'en l'année 1532 (2). Cependant il ne
s'agit ici que de travaux purement complémentaires et nous
admettons que la Tour élevée à l'entrée du port comme citadelle de sûreté et point de défense, avait déjà reçu une garnison
avant cette époque. Voici d'ailleurs un document qui en fait
foi. En l'année 1530, le roi François Ier supprima la prévôté
de Leure et d'Harfleur en faveur des habitants de la nouvelle
ville de Grâce, et il retira d'Harfleur les trente archers morte-
payes auxquels il en adjoignit vingt autres pour la garde du
sieur de la Mailleraye, gouverneur du Havre ; ces archers
s'établirent dans la grosse Tour et dans les ouvrages de
fortifications bâties de nouveau sur l'entrée du port (3). Dès

---

(1) Il était gentilhomme de la chambre du roi, capitaine de 50 lances
de ses ordonnances ès-villes Françoise de Grâce et Honfleur, vice-amiral
de France par nomination du 7 Mars 1536. Il assista en ses dites qualités,
le 14 Mars 1575, à la cérémonie de la pose de la première pierre de l'église
de Notre-Dame. Il avait épousé Charlotte de Dreux, dame de Pierrecourt.

(2) *Description historique et géographique de la haute Normandie.* T. 1 p. 196.

(3) *Mémoire manuscrit* de l'abbé Biot. P. 9.

lors, d'après nos mémoires, la Tour eut un gouverneur particulier, et son artillerie était montée pour tenir en respect toute la petite rade. Le gouverneur habitait le logis situé en avant du côté de la ville. L'abbé Pleuvry (1) rapporte qu'on avait pratiqué sur la cime de la grosse Tour deux petits corps de garde et un oratoire où il ne croit pas qu'on ait jamais célébré la messe (2), elle était précédée de deux petits fossés du côté de la ville, avec deux ponts-levis ; on y voyait des caves très sèches, quoique fondée plus bas que le lit du port, et on obligeait les vaisseaux qui arrivaient au Havre à y déposer leurs poudres moyennant la somme de vingt livres. L'artillerie de terre y avait aussi son magasin. « Le greffier de la ville et le maître canonnier en ont chacun une clef (3). On voit au haut sur le bord des embrâsures le corps-de-garde des sentinelles, avec bon nombre de canons qui dominent sur la petite rade, et on a, de dessus la terrasse qui la couvre, une vue immense sur la mer et sur les côtes. Comme cette Tour est la gardienne du port, et que le fondateur y a sa statue, les vaisseaux en entrant et en sortant la saluent d'un coup de canon. (4) »

---

(1) Jacques-Olivier Pleuvry, né au Havre le 30 Décembre 1717 est auteur d'un ouvrage intitulé : *Histoire, antiquités et description de la ville et du port du Havre de Grâce, 1765 et 1768.* Il était vicaire à Notre-Dame en 1744, et mourut à Paris le 15 Août 1788.

(2) Il a été trouvé dans les décombres de la tour, une belle conque marine à usage de bénitier que je conserve dans ma collection ; peut-être provient-elle de cet oratoire.

(3) M. A. Guislain Lemale note, comme une curieuse particularité, dans son intéressant ouvrage *Le Havre sous le gouvernement du duc H. de St-Aignan*, que, lors du voyage de Louis XV au Havre, les poudres de la tour furent chargées, par ordre des échevins, sur un petit navire qui dut stationner dans la grande rade pendant toute la durée du séjour du Roi dans la ville.

(4) *Histoire, antiquités et description de la ville et du port du Havre-de-Grâce*, p. 135.

Dans la curieuse description qu'ils font de la nef *la Grande
Françoise*, dite aussi *la Grande Nau* (1) construite vers 1533,
dans la fosse de l'Eure, *pour être envoyée au levant afin de
faire tête au Turc*, nos chroniqueurs Havrais s'accordent à
dire qu'on ne put, en deux marées, la faire avancer que jusqu'à la jetée du bout joignant la grosse Tour, qu'on fut con-
traint de la laisser là et que lorsque cette caraque, d'une
masse prodigieuse, passa près de la grosse Tour, les premiers
sabords s'étant trouvés à sa hauteur, quelques uns de l'équi-
page étaient entrés dedans, ce qui donna lieu au sieur de la
Mailleraye capitaine de la ville, d'en faire rehausser les créneaux.

En l'année 1545, la grosse Tour du Havre, rehaussée et
crénelée de neuf, fut visitée par le roi en personne. François Ier,
qui était venu faire l'inspection de la grande armée navale
équipée en la ville de Grâce, l'année précédente, pour aller
combattre l'Anglais, monta avec ses officiers sur la plate-forme
de la Tour, le 12 du mois de Juillet, d'où il put contempler
mieux que sur *le Chef de Caux*, et sans danger d'être atteint
par le feu des *ramberges* de l'ennemi, un si grand nombre
de grands et de petits navires que la rade du Havre en était
couverte jusqu'à plus d'une lieue (2). Il s'était joint à notre
flotte, commandée par l'amiral d'Annebaut, vingt-six galères
de Provence et dix caraques génoises qui périrent à l'embou-
chure de la Seine par la faute des pilotes. Le roi fut aussi
témoin de la perte et de l'incendie du vaisseau amiral *Le
Philippe*, caraçon de 1200 tonneaux, construit dans la ville
de Grâce, par l'amiral Chabot, sieur de Byron, pour le service

----

(1) Cette caraque avait été construite dans la fosse de Leure, dite depuis la crique de la planchette ou de Percanville, par Lépargne, gentilhomme breton. Le Roi en avait donné le commandement au sieur de
Villiers, chevalier de Malte. Elle jaugeait plus de 2,000 tonneaux. On y
voyait un jeu de paume, une forge, un moulin à vent et une fort belle
chapelle de St-François où l'on faisait l'aspersion de l'eau et le pain
bénit, tous les dimanches.

(2) Manuscrit de l'abbé Biot, p. 18.

de Sa Majesté. Ce beau navire, à peine sorti du port sous les
ordres du sieur de Mormoullins, devint en un moment la
proie des flammes, le feu avait pris aux poudres, il périt un
grand nombre de personnes par suite de l'explosion de l'artillerie qui fit en peu de temps, disent nos mémoires, une si
horrible batterie qu'elle fracassa tout ce qui se rencontra,
devant, derrière et de tous côtés (1). Ce fut assurément un
terrible spectacle que François Ier et ses officiers contemplè-
rent ce jour là, des hauteurs de la Tour du Havre. Quelques
personnes avaient pensé, sur la foi d'anciens mémoires mal
digérés, que la roi François Ier se trouvait en personne à
bord du caraçon au moment de l'incendie de ce vaisseau.
L'historien Dupleix et l'abbé Pleuvry semblent partager cette
opinion qui n'a rien de fondé. Un sérieux examen des circons-
tances et une étude approfondie des faits établissent que le
prince et sa cour n'avaient pas dû quitter la ville au moment
de l'explosion. Le roi devait, il est vrai, se rendre avec l'amiral,
les sieurs de la Mailleraye, de Thais et de Bouthiers et *grand
nombre de dames de haute lignée et personnes de distinction*
pour dîner sur le pont de cette merveilleuse nef, et, suivant
Dupleix, ce furent les cuisiniers qui firent un si grand feu
qu'il prit au foyer et mit tout le vaisseau en cendre, sans
qu'on put y porter remède.

Au mois d'Octobre 1549, la Tour du Havre fut honorée
d'une seconde visite royale. Henri II qui avait donné com-
mission, l'année précédente, au comte du Refuge de faire
paver la ville, y fit une entrée solennelle avec la reine Catherine
de Médicis, par la porte du Perrey, au milieu de 800 jeunes
archers de distinction, revêtus d'habits noirs chamarrés de
blanc. **M.** de la Mailleraye conduisit le roi et sa cour sur la
plate-forme de la Tour, pour de là contempler la grosse mer
et voir entrer le grand navire d'un sieur Boutard de Jumiéges
qui venait de Barbarie.

Dans les grands travaux de *retranchement de partie du ter-*

---

(1) De Marceilles p. 19. — Biot p. 21. — Levéziel p. 21.

ritoire et nouvelle face de la ville sous Henri II, M. de la Mailleraye fit faire, outre l'écluse de la grande barre, deux autres
barres, l'une près le boulevard St-Michel, et l'autre dans la
jetée hors la grosse Tour (1). En ce temps là le Havre était
déjà un des plus commodes et des plus beaux ports du
royaume où se faisaient tous les embarquements d'armées
navales, soit contre l'Anglais, soit contre l'Écosse, où les
navires du roi étaient ordinairement équipés et où sa majesté
tenait ordinairement douze grands vaisseaux pour la défense
de la côte, commandés par ses capitaines de marine (2).

Avec l'année 1562, s'ouvre une série d'événements et de
faits militaires qui ont pour théâtre la grosse Tour du Havre.
« Les troubles commencent dans la ville, les séditieux se
mutinent, les calvinistes mettent tout au pillage. (3) » Infidèles
à leur Dieu et traîtres envers leur roi ils livrent le Havre-de-
Grâce à la reine d'Angleterre. C'est assurément une des pages
les plus intéressantes de l'histoire de notre cité et de notre
vieille Tour. Toutefois on ne la relit pas sans douleur en songeant au sang répandu dans la guerre civile, au saccagement
et à la ruine de nos églises, à l'insigne trahison qui ouvrit les
portes de la Tour aux soldats du comte Warwick.

Dès 1561, l'amiral de Coligni, capitaine et gouverneur du
Havre-de-Grâce (4), y avait posé pour son lieutenant le sieur
Jean de Croz, gentilhomme languedocien, avec une compa-

---

(1) Levéziel p. 31.

(2) La Popelinière p. 57.

(3) Manuscrit de l'abbé Biot, p. 23.

(4) Gaspard de Coligni, deuxième du nom, fut premier comte de Coligni,
seigneur de Chatillon-sur-Loing, etc. Chevalier de l'ordre du Roi, gouverneur et lieutenant-général de Paris, Isle de France, Picardie et Artois,
et des villes du Havre-de-Grâce et de Honfleur, colonel-général de
l'infanterie française et amiral de France. Né à Chatillon le 16 Février
1516, amiral le 11 Novembre 1552. Mort en 1572.

gnie de gens de pied, outre les cinquante archers de la ville.
Son premier soin avait été de fortifier et de défendre la grosse
Tour, qu'il eut la lâcheté de livrer ensuite aux protestants
séditieux, le 8 mai 1562, ce qui n'empêcha pas ses obligés,
une fois maîtres de la forteresse, de le chasser ignominieuse-
ment de la ville, comme un homme sans convictions et sans
caractère (1). Ce traître gagna la ville de Rouen, où il obtint
un commandement dans l'armée des rebelles, sous les ordres
de Montgommery, puis, arrêté après la reddition de cette
ville aux mains du Roi, il fut condamné au dernier supplice
au mois d'octobre, et *tiré à quatre chevaux* (2), pour s'être
laissé dessaisir de la Tour et forteresse du Havre-de-Grâce et
y avoir fait entrer les Anglais.

Montgommery, moins malheureux que l'ex-lieutenant de
la Tour, s'était enfui de Rouen avec sa famille et quelques
anglais, sur une galère qui avait pu franchir *l'estacade* de Cau-
debec, à la faveur de la haute marée, et arriver au Havre. Les
séditieux, toujours maîtres de la forteresse et de la ville, ré-
solus d'appeler les étrangers dans le royaume, avaient député
le sieur Briquemant et Jean de Ferrières vers la reine d'Angleterre (3) pour lui demander des secours, à la condition de
lui livrer le Havre-de-Grâce et de recevoir des garnisons anglaises (4). Louis de Bourbon, prince de Condé, que son am-
bition avait placé à la tête des rebelles, n'eut pas honte d'ac-
cepter cent quarante mille écus d'Élisabeth, prix de la vente

---

(1) De Marceilles, p. 31. De Croz trouva surtout un persécuteur
acharné dans Jean de la Grange, meneur protestant, qui, par des insi-
nuations perfides, lui avait fait oublier ses devoirs envers le roi et son
pays.

(2) *Histoire sommaire de la Normandie*, par le sieur de Masseville, t. V.
p. 151.

(3) Ces traîtres furent reçus par Elisabeth au château de Hamptoncour,
le 20 Septembre.

(4) Masseville, t. V, p. 139.

du Havre, où Ambroise de Warwick venait d'entrer avec 6,000 soldats et 300 chevaux. Ce fut le 4 Octobre 1562 que l'armée anglaise prit possession de la ville, sans coup férir, et que les citoyens demeurés fidèles eurent la douleur de voir arborer sur la Tour le drapeau rouge orné des léopards, qui avait flotté jadis sur les murs crénelés du vieil Harfleur. Le comte de Warwick occupa avec ses hommes d'armes la forteresse livrée par la trahison, et le vidame de Chartres lui remit aussi la nouvelle Tour de pierre blanche qu'il avait élevée sur la jeté du sud « pour mettre en sûreté les hommes et les deniers de la Reine (1) » Il semble y avoir eu, parmi les lieutenants du Roi, assaut de déloyauté et de félonie, et ce fut vraiment chose aisée aux vaisseaux et *ramberges* d'Angleterre d'entrer dans le port de Grâce en passant paisiblement sous les canons de la Tour, que les séditieux avaient vendus à leurs *bons cousins* d'Outre-Manche (2). Ces bons cousins ne furent pas, toutefois, aussi gracieux et reconnaissants que les Havrais rebelles avaient droit de s'y attendre ; ils ne tardèrent pas à les chasser à leur tour de la ville (Mai 1563), comme ils avaient chassé eux-mêmes les catholiques demeurés fidèles au Roi, et jusqu'à la fin de Juillet le Havre fut à la merci des Anglais, qui fortifièrent encore la grosse Tour, « où il y avait plus de 200 pièces d'artillerie avec une grande quantité de poudres et de balles (3). » Ils tinrent le Havre-de-Grâce, place importante, dit de Serres dans sa chronique, de figure carrée, bien emparée de Tours, de murs et de bastions, place forte d'assiette et d'artifice, pour être en lieu marécageux non commandé de montagnes. Ils armèrent aussi les bastions qui défendaient alors, au rapport de Beaucaire, évêque de Metz, les angles de la ville, hormis celui de la mer, qui n'a pour défense que la Tour, dont les pierres

---

(1) Manuscrit de l'abbé Biot. p. 24.

(2) De Marceilles, p. 31.

(3) Manuscrit de l'abbé Biot, p. 25.

sont taillées en pointes de diamants (1). La reine Élisabeth espérait bien garder cette place importante par sa situation et ses fortifications, et elle avait équipé, dans ce dessein, une flotte de 60 vaisseaux qui appareillait dans les principaux ports d'Angleterre pour venir protéger et défendre le Havre contre le coup de main que devaient tenter les Français pour le reprendre. Pendant ce même temps, l'armée d'occupation faisait élever plusieurs fossés et redoutes autour du Havre, rasait l'église et la plupart des maisons de la paroisse de Leure, « faisait hausser le fort d'icelle, qui n'est autre chose que les ruines de Percanville (2) » et achevait de ruiner ce port, qui avait eu, durant tout le moyen-âge, une grande importance.

Cependant, au mois de Juin, l'armée royale, commandée par messire Charles de Cossé, lieutenant-général, comte de Brissac, maréchal de France, vint camper sur les hauteurs de Sanvic, d'Ingouville et dans la plaine de Leure. Le roi Charles IX lui-même, alors âgé de 14 ans, et la reine Catherine de Médicis, sa mère, se rendirent auprès du camp pour encourager les troupes et allèrent loger au manoir de Vitanval (3). Le 6 Juillet le maréchal somma Warwick de rendre la place, et, sur le refus de ce dernier, il mit le siége devant la ville et fit couper sur-le-champ les *veines* qui y amenaient de l'eau douce (4). Cette eau douce, qui venait de Ste-Adresse,

---

(1) Franciscus rex oppidum quadrangulum condidit, et in uno quoque angulo longum, latum que propuguaculum extruxit, nisi ad portûs initium, ubi angulum facit firma turris instar adamantinœ cuspidis acuminata. Belc. lib. 30.

(2) Levéziel. p. 36.

(3) Le manoir de Vitanval était situé sur la paroisse de St-Denis du Chef-de-Caux (depuis Ste-Adresse), sur le bord du chemin creux qui conduit aujourd'hui aux phares de la Hève.

(4) Manuscrit de l'abbé Biot, p. 25.

et dont le réservoir était apparamment *la Mare aux Chevaliers*, alimentait les fontaines du Vivier, du cimetière de Notre-Dame et de la grosse Tour. Le connétable Anne de Montmorency arriva le 20 pour diriger les opérations du siége. Le prince de Condé lui-même, Dandelot, frère du gouverneur Coligni, et bon nombre de protestants qui avaient le cœur français (1), revenus à de meilleurs sentiments, honteux de leur défection, tournèrent le dos à l'ennemi et se joignirent au connétable pour chasser les étrangers. Mais, au même moment, quinze cents autres calvinistes se jetèrent dans la ville pour la défendre avec les Anglais, « tant leur passion était furieuse contre leur Roi et leur patrie (2). »

Ce fut alors que l'armée royale, pleine d'ardeur et de patriotisme, et indignée d'une aussi odieuse trahison, marcha à l'assaut avec une intrépidité digne de tous les éloges. Tandis qu'elle enlevait les positions qui défendaient le Havre du côté de Leure, le mestre-de-camp Duplessis-Richelieu, à la tête de son régiment, prenait et rompait les palissades de bois élevées sur la jetée pour couvrir la porte du Perrey, et principalement la grosse Tour (3), « malgré les mousquetades qui grêlaient violemment en cet endroit (4). » Blessé lui-même grièvement dans la mêlée, d'un coup d'arquebuse tiré du haut de la Tour et qui l'atteignit à l'épaule au moment où il faisait des prodiges de valeur, Richelieu tomba dans les bras du brave capitaine Poyet, frappé mortellement auprès de la Tour qu'il assiégeait (5).

---

(1) Masseville, t. V, p. 170.

(2) Masseville, t. V, p. 170.

(3) Pleuvry, p. 80.

(4) Masseville, t. V. p. 170.

(5) Messire François Duplessis de Richelieu avait acquis le surnom de Pilon par la grandeur de son courage. Il s'était signalé en Piémont sous le maréchal de Brissac, avait soutenu le siége de St-Jean-d'Angély

Loin de ralentir l'action, cette perte regrettable d'un chef
plein de bravoure et d'expérience ne fit que ranimer le courage de nos soldats ; le capitaine Remol prit aussitôt le commandement dans le retranchement, et malgré l'horrible feu
qu'on faisait sur lui de la Tour, « il fit amener sur le Perrey
quatre gros canons de fonte avec force munitions de poudre
et boulets dont la grosse Tour fut si vivement battue que
depuis six heures du matin jusqu'à onze heures du soir une
partie de ladite Tour, combien qu'elle fut *espoisse,* en fut
abattue et qu'il y fut fait brèche raisonnable (1). Les Anglais,
au rapport d'Aubigné, témoin oculaire, pour arrêter la rapidité de nos gens, firent une sortie pour les repousser loin de
la Tour, mais ils furent *rembarrez* et bien *recoignez* (2).

Toutefois, ces avantages ne faisaient point encore conclure
en faveur des assiégeants. Le corps de la place et la garnison
étaient de force à résister jusqu'à l'arrivée de la flotte anglaise,
chargée de troupes et de munitions, qui venait de mettre à la
voile, sous les ordres de l'amiral Clithon, mais le stratagème
du maréchal de Brissac, qui avait rompu les fontaines (3),
avait eu pour effet de réduire les assiégés, privés d'eau douce,
à la plus dure extrémité; la peste venait de se déclarer dans
la ville, où elle enleva en quelques jours trois mille Anglais

---

contre les calvinistes, défendu Blois avec 300 hommes, et défait sur la
Vienne les religionnaires de Touraine et de Poitou. Le roi lui avait
destiné le gouvernement du Havre de Grâce, où il périt victime de sa
bravoure. Il fut le grand-oncle du cardinal de Richelieu. Les Anglais
perdirent beaucoup de monde au siége du Havre, en démolissant l'ancienne maison proche du bastion Saint-André en 1752, pour construire
l'hôtel du gouverneur, affecté depuis à l'usage du lieutenant de roi, on
a trouvé dans l'épaisseur du mur de la cave douze corps humains reconnus pour avoir été ceux d'officiers anglais de distinction, tués dans
la défense des palissades voisines de la tour.

(1) De Marceilles, p. 17. — Levéziel, p. 40.

(2) Aubigné. *Description du siége du Havre.*

(3) De Marceilles, p. 33.

et six cents des protestants Français qui étaient avec eux (1).
La consternation et l'effroi s'étaient emparés des assiégés qui
se disaient, quelques jours plus tôt, la terreur de notre patrie,
les fossoyeurs du cimetière de notre armée (2). Warwick,
épouvanté lui-même par le fléau, et sachant d'ailleurs que l'armée royale se disposait à donner un assaut, se décida à capitu-
ler, à abandonner la Tour et à rendre la ville, ce qui eut lieu le
28 Juillet 1563, en mémoire de quoi, écrit l'abbé Biot, il se
fait une procession générale, tous les ans, à même jour, en
actions de grâces (3). Le deuxième article de la capitulation
porte que Warwick mettra à l'heure même la grosse Tour
entre les mains du connétable « *et pour sûreté de ce que dessus, que le dit conte mettera présentement la grosse Tour du
Havre entre les mains du dit seigneur connestable, sans que les
soldats qui seront mis dedans puissent entrer dedans la ville,
et que Monsieur le conte de Warwick fera garder la porte du
costé de la ville jusques à ce qu'il sera commandé par mon dit
seigneur le connestable, sans arborer enseignes sur la dite
Tour.*

L'histoire a enregistré les noms des seigneurs et gens de
guerre qui se signalèrent au siége de la grosse Tour et de la

---

(1) Masseville, t. V. t. 171. On lit dans le registre des comptes du
trésor de l'église de Notre-Dame du Havre, rédigé par Jéhan Brebion
pour l'année 1563, *première année dans les troubles et réduction de la ville
occupée par les Anglois* : au fossier pour la fosse de frère Sébastien,
cordelier, préchant en la dite ville, décédé de la peste, 6 sols.

(2) Levéziel. p. 40.

(3) On célébrait à Notre-Dame, le 28 Juillet, une messe solennelle dite
de la réduction. Aujourd'hui la messe et la procession sont supprimées,
comme presque tous les souvenirs historiques et traditionnels consacrés
par la piété de nos pères dans la sainte liturgie, mais les Havrais fêtent
encore par des promenades et des réjouissances les derniers jours de
Juillet; les enfants reçoivent, ces jours-là, un gâteau orné de fleurs
comme un *pain bénit*. Ce fut aussi le 31 Juillet 1694 et le 7 Juillet 1759,
que les flottes anglaises se retirèrent après avoir essayé de brûler le
Havre.

ville du Havre : après Richelieu, qui paya son dévouement de sa vie, on cite le duc de Montpensier, les maréchaux de Montmorency et de Bourdillon, Jean d'Estrées, grand-maître de l'artillerie, le comte de Rhingrave, colonel allemand, de Charry et Corberan de Cardillac, sieur de Sarlabos. Ce dernier fut investi par le roi à raison de sa bravoure du commandement de la place, au château de Vitanval, et dès le 2 Août il fit son entrée dans la ville *débarassée des Anglais,* en sa qualité de gouverneur (1). Son premier soin fut de faire réparer la demolition de la grosse Tour *entamée et ouverte* du côté de la mer (2) et « aurait aussi fait faire la belle terrasse qui est près et joignant la dite tour et la porte du Perrey de la dite ville, où il aurait fait mettre ses armoiries qui est un chardon (3). Le conducteur des travaux de la terrasse *régnant de la grosse Tour à la porte du Perrey,* s'appelait Innocent, il travaillait quelques années plus tard sous les ordres de Nicolas Duchemin à l'œuvre de la construction de l'église Notre-Dame. Cette terrasse, élevée en 1565, servait de promenade aux habitants du Havre, elle fut augmentée en largeur par Georges de Brancas, duc de Villars, comme nous le verrons en son lieu.

Au mois de Mai de l'année 1578, la grosse Tour du Havre fut le théâtre d'un drame célébré par les romanciers et les

---

(1) Corberan de Cardillac, chevalier, seigneur de Sarlabos, originaire des Pyrénées, était chevalier de l'ordre du Roi, capitaine de 200 hommes de pied. Nos mémoires l'appellent un gouverneur *vigilant* et *ferme* qui fut vivement regretté du peuple après sa résignation en faveur de l'amiral de Joyeuse, en 1584. Il était plus vaillant capitaine que calligraphe exercé, et sa main devait mieux tenir l'épée que la plume ; à peine savait-il signer son nom.

(2) Cette réparation dut être faite à la hâte et laissait beaucoup à désirer pour la solidité de la muraille, principalement à l'intérieur ; on avait jeté pêle-mêle dans le mortier, sans se donner la peine de les réunir, des silex, des galets, des débris de moellons et des éclats de bombes ; le revêtement seul avait été fait avec soin et intelligence.

(3) De Marceilles, p. 35.

poëtes, mais qui doit être rapporté ici dans toute sa crudité
et toute la vérité de l'histoire. A cette époque les guerres de
religion qui avaient désolé la Normandie venaient à peine de
finir ; l'année précédente, le roi avait accordé la paix aux
protestants, mais on redoutait de nouveaux soulèvements, et
la grosse Tour du Havre-de-Grâce remplie de munitions et
hérissée de bouches à feu, était gardée par des soldats, gen-
darmes et morte-payes, sous le commandement de M. de
Sarlabos. Or, un de ces soldats, ayant encouru par sa déso-
béissance et une infraction au service militaire, une punition
à laquelle il prétendait se soustraire, se mit en tête de se
rendre maître de la Tour et d'y prendre pied pour lever l'é-
tendard de la révolte et combattre l'autorité légitime. Nos
mémoires, du moins, n'assignent pas d'autre cause à sa ré-
bellion. Il s'appelait Aignan Leconte, il était originaire de la
ville de Caen, et M. de Marceilles rapporte qu'il *estoit esguil-
letier de son métier*. Un jour qu'il était de garde à la Tour, il
réussit, sous divers prétextes, à éloigner tous ses compagnons,
et s'emparant des clefs il ferma la porte d'entrée, releva le
pont-levis et se prépara follement à soutenir seul un siége
contre la garnison et les habitants de la ville. Informé de cet
acte de rebellion, le gouverneur se présenta aussitôt devant la
Tour avec le capitaine La Fons et le lieutenant Hacquet, et
somma le réfractaire de quitter la plate-forme et de se rendre
à merci. Sur quoi, Aignan Leconte s'obstinant dans sa révolte
et vomissant force injures et menaces contre M. de Sarlabos
et les gens de sa compagnie, les bourgeois s'assemblèrent au
nombre de mille, et s'efforcèrent, sur l'ordre du capitaine, « de
rompre l'huis de la porte avec un mast (1). » N'y pouvant
réussir « à cause des pierres dont elle était garnie en dedans », (2) et le rebelle établissant des moyens de défense
après avoir « assemblé les gaux de mer de dessus les créneaux
de la Tour, dont il s'aidait, outre qu'il était saisi d'une hallebarde ou pertuisane, allant sans cesse de bas en haut, et

---

(1) Manuscrit de l'abbé Biot, p. 33.

(2) De Marceilles, p. 37.

jetant une grêle de pierres (1). » Le gouverneur fit appliquer
trois grandes échelles qui atteignaient de divers endroits de
la terrasse le sommet de la forteresse et il y fit monter trois
soldats déterminés armés de mousquets, avec injonction de
se saisir d'Aignan Leconte et de le descendre mort ou vif. Il
ne tint pas longtemps contre l'intrépidité de ces hommes et
tandis qu'il penchait la tête au-dessus des créneaux pour les
percer de sa hallebarde, un coup de pistolet adroitement
tiré par l'un d'eux l'étendit roide mort sur la plate-forme
qu'il rougit de son sang. M. de Sarlabos voulut ajouter, en
tant que possible, au châtiment, et pour prévenir à tout jamais semblable rebellion, il usa de rigueur et fit pendre,
sur l'heure, en présence de la foule, le cadavre du traître la
tête en bas, aux créneaux de la Tour, du côté qui regarde la
ville. Il y demeura en spectacle, l'espace de vingt-quatre
heures, *au grand effroi des soldats et des passants* (2). Ainsi
finit ce drame qui avait mis grand émoi dans la ville et qui
eut pu avoir de terribles conséquences si le feu n'eut pas
manqué à *ce furieux* qui aurait fait jouer l'artillerie contre la
ville et brûlé facilement tout le quartier environnant. Il y
avait alors dans la Tour, au rapport de M. de Marceilles, force
cidre, biscuit et approvisionnements de toutes sortes, et l'on
frémit en songeant à tout le mal qu'eût pu faire la résistance
bien organisée d'un seul homme. Aussi ce drame de la Tour
du Havre fit-il grand bruit dans le royaume, le roi voulut en
savoir les moindres détails de la bouche du gouverneur qu'il

---

(1) Levéziel, p. 50.

(2) Un manuscrit de Levéziel que j'ai entre les mains est orné de plusieurs dessins curieux ayant trait aux principaux événements de l'histoire
du Havre de-Grâce. Un de ces dessins à la plume, fort bien exécuté, re-
présente Aignan Leconte pendu, la tête en bas, aux créneaux de la grosse
tour. Je dois l'obligeante communication de ce manuscrit à M. l'abbé
Herval, vicaire de Notre-Dame, membre de la Société Havraise d'Études
Diverses, auteur de plusieurs mémoires, bien connu pour son zèle à en-
richir nos collections et nos bibliothèques. — Le soldat qui tua Aignan
Leconte s'appelait *La Vertu*, on le fit sergent pour le récompenser de
son acte de courage.

manda à sa cour, et Messieurs du parlement de Rouen écrivirent à M. de Marceilles, alors procureur du roi, pour être
bien renseignés sur ce coup d'audace. Près de trois siècles
après on fit des romans sur la criminelle tentative de *l'esguil-
letier* Aignan Leconte, aussi bien que sur la mort tragique
des trois frères Raulin ; le traître, chose incroyable, a trouvé
des panégyristes, et je lisais naguère à travers une vitrine de
librairie l'éloge de sa valeur, célébrée en vers de mauvais aloi.
Il y a quelque trente ans M. le vicomte Walsh en avait déjà
fait un héros de feuilleton. Pour l'impartiale histoire, Aignan
Leconte ne sera jamais qu'un misérable réfractaire et c'est
avec justice qu'il a subi son châtiment.

Ce fut sous le gouvernement de Georges de Brancas (1),
duc de Villars, et vers l'année 1610, que la nouvelle porte
du Perrey fut construite, il fit aussi élever et élargir la terrasse
Sarlabos depuis cette porte jusqu'à la Tour. Ces travaux
furent exécutés sous la régence de Marie de Médicis, comme
le témoignaient les deux écussons d'armes du feu roi Henri IV
et de la reine-mère gravés sur les pierres de cette terrasse,
du côté de la place d'armes. Il paraît, au témoignage de
Pleuvry, que l'on passait au-dessus de la porte pour aller
des deux côtés, et que tout cet ouvrage formait une espèce
de donjon dont la grosse Tour était le château (2).

---

(1) Marquis, puis duc de Villars, baron d'Oise, lieutenant-général au
gouvernement de Normandie, succéda, en 1595, à son frère dans la charge
de gouverneur du Havre. Il mourut au château de Maubec, près Avignon,
le 23 Janvier 1657, à l'age de 89 ans.

(2) En 1734 on voyait encore des restes d'écussons sur la terrasse et
des LL couronnées. Dans la récente démolition de la Porte du Perrey
et de l'ancienne terrasse joignant la grosse Tour on a retrouvé des frag-
ments de pierres offrant une partie de navire en relief et deux restes
d'écussons reconnus pour les armoiries de M. de la Mailleraye et de
l'amiral de Coligni. Charles de ·Moy portait : *écartelé, aux premier et
quatre, de gueules fretté d'or*, qui est de Moy, *aux deux et trois, fascé
d'argent et de gueules, alias burelé, au lion d'or brochant sur le tout*, qui
est Estouteville. Coligni portait : *de gueules à l'aigle d'argent, membrée,
becquée et couronnée d'azur.*

En 1688, outre les grands travaux entrepris sous le gouvernement de Paul de Beauvillier (1) pour mettre le Havre à l'abri d'un coup de main, on augmenta et on fortifia le bastion de la grosse Tour pour le mettre à l'épreuve de la bombe (2). D'une Tour à l'autre on jeta une grosse chaîne de fer, et on la tendit, depuis, toutes les nuits pour empêcher les navires d'entrer dans le port. A l'extrémité de la jetée on établit une batterie de 12 pièces de canon.

Il ne paraît pas que la grosse Tour ait eu trop à souffrir au bombardement du Havre par la flotte anglaise, en 1694. Messire J.-B. de Clieu, curé de la ville, qui décrit minutieusement les événements (3), et qui fut à la fois acteur et témoin dans ces journées mémorables pour notre cité, place le théâtre de la résistance au bastion St-André, et les désastres occasionnés par les bombes ennemies dans le quartier du *Vivier*. Le feu dirigé contre la citadelle et la Tour manqua son effet, grâce aux travaux incessants et à la diligence du duc de Choiseul, qui obligea les ennemis à reprendre la mer le 31 Juillet, et à abandonner sans retour leur entreprise sur le Havre.

La voûte de la grosse Tour tomba en 1708, par la négligence de ceux qui auraient dû en avoir soin, et l'abbé Biot écrit, en terminant ses mémoires, qu'on a négligé cette réparation jusqu'en 1725. Elle fut exécutée sous les ordres de M. de Gaulin de Varannes, écuyer, chevalier de St-Louis, commandant de la Tour depuis 1719.

---

(1) Paul de Beauvillier, duc de St-Aignan sous le nom de Beauvillier, pair de France, comte de Buzançois, grand d'Espagne, comte de Montrésor, de Chaumont et de Palluau, seigneur et baron de la Ferté-Hubert, de la Salle les Cléry et de Lussay en Beauce, chevalier des ordres, etc., etc. ; fils de François de Beauvillier et d'Antoinette Servien, pourvu du gouvernement du Havre-de-Grâce après la mort de son père, 20 Juin 1687, mourut le 31 Août 1714.

(2) Manuscrit de l'abbé Biot, p. 68.

(3) Messire de Clieu, *les églises et le clergé du Havre*, p. 21.

Au voyage que fit Louis XV au Havre, en 1749, « à son arrivée dans la ville et dès que la cour fut assemblée auprès du
roi, il voulut aller voir la mer et monta dans ce dessein sur
la Tour qui est à l'entrée du port ; mais le froid ne lui permit
pas de s'y arrêter (1). » C'était le 19 Septembre, le comte de
Clermont, prince du sang, les princes de Turenne et de Sou-
bise, les ducs de Luxembourg et de La Vallière, les marquises
de Pompadour, d'Estrades et de Livry, et une foule de personnes de distinction, accompagnaient le Roi.

Au bombardement du Havre par les Anglais, en Juillet
1759, des ordonnances très précises avaient réglé le service
de la Tour François Ier (2). Dès le 26 Juin 1758, M. de Beau-
voir, lieutenant du Roi, avait donné ses ordres pour armer.
Il y avait alors sur la grosse Tour sept canons et couleu-
vrines ; les affûts en tombaient en pourriture. Une garde fut
placée à la Tour Vidame, défendue par deux canons. On voit
par le récit de M. Millot, premier échevin, dont le manuscrit,
plusieurs fois édité, offre un grand intérêt, que le 1er Juillet
de la même année « il avait été mis deux gros navires mar-
chands près de la Tour pour barrer l'entrée du port. » Le 4
Juillet 1759, deuxième jour du bombardement, deux officiers
des gardes lorraines et un soldat de service à la Tour furent
tués par une bombe (3), au même moment qu'un autre projectile lancé par dessus l'église et tombé, rue Notre-Dame, à
la porte du sieur Lelièvre, tapissier, le blessait et coupait les
jambes d'un sieur Neveu. Le même jour, le corps de ville

---

(1) *Relation de l'arrivée du Roi au Havre-de-Grâce*, p. 10.

(2) *Le Havre de 1719 à 1776*, par A. Guislain Lemale, p. 223.

(3) Ils furent tués par ce projectile dans la petite cour qui précédait la
tour. Voici leurs noms et qualités : Louis de Boutilly, écuyer, lieutenant
en second du régiment, natif d'Estain au duché de Bar en Lorraine, *tué
d'un éclat de bombe.* Pierre Duvivier, sous-lieutenant d'artillerie de la marine, natif de Cotanir, près Bourdeville en Périgord, *mort tout d'un coup
d'un éclat de bombe.* Le soldat s'appelait Bonaventure Roussel, natif de
Varogne, diocèse de Besançon.

prit la délibération suivante qui se rattache tout naturellement à notre travail : « Nous, le corps de ville, pour être à portée des généraux, et en sûreté pour donner des ordres et écouter ceux qui pourraient avoir à faire à nous, nous avons fait mettre les titres, chartes, etc., en boucauts, dans les souterrains de la Tour, et transporter les papiers du bureau aux capucins. » La flotte Anglaise causa, cette fois encore, plus de désastres par les rues et les maisons de la ville que dans les places de défense et dans les batteries, et malgré la supériorité des forces et du feu de l'ennemi, qui lança onze cent soixante-cinq bombes sur la ville, tandis que notre artillerie fit complètement défaut, la Tour ne fut pas endommagée et ne souffrit pas plus qu'en 1694. Levéziel, dans ses mémoires, attribue le salut de la ville à la tactique et à l'habileté de M. de Maisonneuve, capitaine de vaisseau, qui commandait les batteries du sud. « S'étant aperçu qu'un *Pinek* anglais qui servait de bombarde et dont les bombes tombaient la plupart en Seine, dans le port et peu dans la ville, était le plus sud et dont le feu était le plus terrible, appareillait et faisait route précédé d'une *caiche* pour se placer au sud-sud-est de la Tour afin de prendre la ville en flanc, donna ordre au nommé Couture, canonnier de la marine entretenu en ce port, de faire feu de deux canons de trente-six qui étaient restés sur la jetée du sud à l'orient de la Tour Vidame, il les pointa et dès que la *caiche* vint à doubler la dite Tour il tira et la frappa si rudement par son avant que le boulet la fit revirer tout-à-coup ; le *pinek* n'osa plus continuer sa route et revira à l'instant pour retourner à l'endroit d'où il était venu ; c'est ainsi qu'on sauva la plus grande partie de la ville (1). » On rapporte ce fait que l'amiral Rodney, commandant l'escadre anglaise, dit au capitaine d'un navire neutre qu'il rencontra en s'en retournant en Angleterre qu'il fallait que les maisons du Havre fussent recouvertes de fer pour n'avoir pas été réduites en cendres. Ce qui n'empêcha pas la gazette anglaise de donner, deux jours après, la fausse

---

(1) Levéziel. p. 103.

nouvelle de la ruine et de la destruction complète du Havre-de-Grâce, que l'amiral avait brûlé en y jetant 1900 bombes. On reconnaît là l'esprit anglais et la morgue Britannique, ils n'ont pas changé depuis un siècle, et les bulletins de la guerre de Crimée, publiés dans les journaux de Londres, serviraient au besoin de preuve.

En 1773, Louis Pantaléon Claude de Bruchié, écuyer, capitaine du régiment du roi, infanterie, était major-commandant dans la Tour du Havre ; il remplissait encore les mêmes fonctions en 1784.

C'est ici le lieu de transcrire un épisode de la fin du dernier siècle et quelques renseignements se rattachant à la Tour François Ier trouvés dans les curieux manuscrits de M. Toussaint Bonvoisin, enfant du Havre, et père de M. Bonvoisin, peintre de mérite, décédé l'année dernière à Montivilliers, où il a laissé les plus honorables souvenirs (1). Je cite textuellement ce passage du manuscrit : « La grosse Tour du Havre a été bâtie par le roi François Ier, dont on voyait la statue à cheval au dessus de la porte. Cette statue a été détruite le 15 Août 1792, lors de la deuxième révolution arrivée à Paris le 10 du même mois, car dans ce temps on traitait partout le roi comme les statues des rois. On cita, à l'occasion de celle dont nous parlons, une anecdote recueillie de bons pilotes, pêcheurs, gens grossiers et simples, mais qui conservent encore, pour leur bon prince François Ier, leur père, toute la reconnaissance que les habitants du Havre lui doivent, comme le fondateur de leur ville et le protecteur de leurs ancêtres, à qui il avait accordé tant de priviléges. Ces bonnes gens, voyant l'image du bon roi tomber sous le marteau des démolisseurs de la Révolution, se disaient : — Nous avions toujours ouï dire que souvent les enfants portaient les ini-

---

(1) Je dois la communication de ces documents à M. Blanchet, bibliothécaire à Montivilliers, dont le zèle et l'empressement sont justement appréciés par les archéologues et les amateurs éclairés de la science.

quités de leur père ; mais ici c'est le père qui porte les ni-
quités de ses enfants. Qu'est-ce donc que cela veut dire ? C'est
ce bon roi qui a fait entrer tant de richesses dans cet endroit
(en regardant le port et la ville). C'est lui qui a ouvert les
portes de la Seine au commerce, par où se répandent toutes
les richesses des royaumes étrangers qui circulent dans toute
la France. Quelle ingratitude ! »

Ainsi disaient les bons pilotes et les gens de mer du Havre
en voyant enlever, dans une parodie insensée, la statue
équestre du glorieux fondateur de leur ville, qui avait été
entouré du respect des générations précédentes et qui n'avait
d'autre crime, aux yeux des vandales, que celui d'avoir porté
la couronne.

M. Bonvoisin nous apprend que le premier fossé de la
Tour avait été comblé avant 1789, qu'elle était précédée du
logis du commandant et qu'il y avait sur la plate-forme un
mât de pavillon qui servait en temps de guerre pour répéter
les signaux avec la Hève. Ce mât de pavillon a servi depuis
pour la navigation ordinaire, et ce n'est qu'en 1861, pendant
les travaux de la démolition de la Tour, qu'il a été transporté
sur la jetée du Nord.

On remarquait autrefois, avec curiosité, dans les parois
extérieures de la grosse Tour, le bout du beaupré d'un navire
qui, entrant dans le port, à pleines voiles, s'était porté sur
cette Tour avec une rapidité étonnante, par un mauvais coup
de gouvernail, où il s'était fracassé tout son avant et fait
beaucoup d'avaries.

Nous noterons encore ici cette particularité qu'il y a quelques années un bœuf furieux brisa ses liens, à la descente
du bateau passager venant d'Honfleur, s'enfuit avec la rapidité de l'éclair, à la grande frayeur des spectateurs, entra
dans la Tour, franchit en quelques bonds le large escalier
et se présenta sur la plate-forme, au grand ébahissement des
flâneurs qui s'y trouvaient et qui songèrent bien vite à pour-
voir à leur sûreté par une prompte retraite. On n'eut pas,

du reste, de malheur à déplorer, et l'animal, honteux de son isolement et tout-à-fait radouci, put être repris et mené à la boucherie.

La grosse Tour du Havre, comme toutes les places de défense, avait sa prison et ses cachots souterrains. Nous ne saurions mieux faire que de rapporter ici la curieuse description qu'en fit notre savant ami, M. l'abbé Cochet, dans la *Revue de Rouen* en 1841 (1).

« Armé d'une lanterne et muni d'une permission du génie militaire, je descendis les vingt-deux marches qui conduisent à cet obscur séjour. Mais avant d'en franchir le seuil, avant de remuer les verroux, d'agiter les triples serrures, de faire rouler sur leurs gonds criards les doubles portes de fer, il faut museler le cerbère qui veille nuit et jour dans une embrâsure que l'on a pratiquée au bas de la muraille. C'est le triste gardien de cette triste demeure. Il doit avertir son maître au moindre bruit qui retentira sous ces voûtes. Il doit, fidèle écho, redire le moindre murmure que le désespoir fera sortir du cœur des prisonniers. Ses aboiements lugubres annoncent au geolier le râle de quelque moribond.

« La loge au chien, puisqu'ainsi on l'appelle, est aujourd'hui remplie de maçonnerie et de décombres que l'humidité détache de temps en temps de ces voûtes silencieuses. Mais ouvrons la double porte de fer qui défendait l'entrée de ces horribles cachots.

» Le cachot principal, celui sans doute qui était réservé pour les moins coupables, était formé de deux compartiments de vingt pieds de long sur autant de large. A l'aide d'une chandelle vous apercevez les arceaux qui font saillie sur le fond applati des voûtes. Dans les cryptes de nos églises, ce sont ordinairement deux arceaux qui se croisent, et qui partagent la voûte en quatre parties égales ; ici, ce sont trois

---

(1) *Revue de Rouen*, année 1841, deuxième semestre, p. 19.

nervures prismatiques qui partagent la voûte en trois portions triangulaires. Certes, c'est là une terrible prison. Loge à chien, verroux, serrures, portes de fer, épaisse muraille, grilles, barreaux, ténèbres, humidité, rien n'y manque.

» Mais ce qui est plus terrible encore, ce sont deux cachots particuliers qui communiquent à cette grande salle par de lourdes portes dont on voit les gonds tout rongés par la rouille. Ici, même épaisseur de murs, même aspect menaçant des voûtes, même pavage glacé et humide. Seulement, deux soupiraux très étroits s'élèvent bien haut, d'une manière inclinée, à travers une muraille de trente pieds d'épaisseur, et laissent passage à la lumière qui vient poser dans ce séjour un pied blanc et timide. C'est par ce soupirail que l'air pénètre dans ces lieux infects et malsains. Par là aussi les flots jettent de temps en temps une écume salée qui forme sous les pieds une eau jaunâtre et croupissante. Nul tempérament ne pourrait être assez fort pour résister à cette action dévorante du froid et de l'humidité ; aussi personne ne dut jamais sortir de cette prison ; ce dut être le tombeau de tous ceux qui eurent le malheur d'y descendre.

» Eh bien ! tout horrible qu'elle nous paraisse, il faut savoir qu'elle a été réparée il y a un siècle. C'est ce que nous apprend l'inscription qu'a gravée sur le mur la main d'une victime reconnaissante :

L'an 1724, Louis XV régnant, on répara ce lieu.

» Qu'était-ce donc au temps où la ligue, où la fronde entassaient pêle-mêle les vaincus dans ces lieux ? Et qu'on ne croie pas que ce soit ici le seul effet de notre imagination ; qu'on ne croie pas que nous évoquions des ombres et des fantômes créés à plaisir, qu'on regarde sur les murs, et l'on verra, non des spectres, non des figures, mais des noms d'hommes, des noms de prisonniers malheureux gravés sur la pierre :

D'Estigny.
De Saint-Germain.

De Thorigny , 1649.
D'Aubigny y a été prisonnier, 1643.
De Dieppe Guillaume Benoist (1).

Ont-ils jamais revu le jour, les malheureux qui écrivirent ici
leurs noms? Leur a-t-il jamais été donné de raconter l'histoire de leur dure captivité? Ah ! s'ils avaient pu l'écrire avec
cette même main qui traça ces lignes et ces chiffres ! Cette
page que nous avons lue sur ces murailles est bien éloquente;
mais combien le deviendrait-elle plus sous leurs plumes,
s'ils pouvaient nous peindre eux-mêmes l'horreur éternelle
de leurs nuits sans sommeil, faire résonner à nos oreilles le

---

(1) Dernièrement durant les travaux de la démolition de la tour, M. Duchesne, notre intelligent graveur, a relevé soigneusement les empreintes
qui couvraient les murs des cachots. Voici quelques unes de ces inscriptions :

Lacroy cap°ral de la compagnie de Grarbel, régiment de Béar, 1664.
Jeân Corduve Crepe est pris le........ pour victime.
Serans.
Dubois, 1738.

Il faut savoir gré à M. Duchesne de la bonne pensée qu'il a eue de
nous conserver, dans un médaillon habilement exécuté, les noms des
prisonniers avec les dates inscrites sur les parois intérieures des cachots
de la Tour, mais, à vrai dire, nous sommes loin d'y attacher grande
importance. Nous ne partageons pas l'opinion de ceux qui ont cru re-
trouver là des noms célèbres, nous croyons tout simplement que la Tour
François Iᵉʳ n'a reçu que quelques rares prisonniers de guerre et des
soldats réfractaires à la discipline militaire. Tout le monde sait qu'on
envoyait toujours les prisonniers de marque à la Bastille. Ces noms
gravés sur les murs des cachots se retrouvent au château de Tancarville
comme au Mont-St-Michel et dans les anciens forts qui ont servi de
prison d'état. Une preuve tirée de nos archives, que les prisonniers
d'état portant un nom illustre n'étaient pas envoyés à la Tour, c'est que
les princes de Condé, de Conty et de Longueville, arrêtés le 19 Janvier
1649, précisément la même année que Thorigny, furent conduits au
château de Vincennes, puis à Marcoussy, et de là enfermés dans la citadelle du Havre, où ils furent escortés par le maréchal de Harcourt et
des forces considérables. Leur prison se trouvait sur le bord du grand
chemin du Havre à Harfleur, là où se trouve aujourd'hui la manutention,
édifice qui va bientôt disparaître à son tour avec la citadelle pour l'élargissement de l'avant-port.

bruit de leurs chaînes, redire enfin les sanglots, les soupirs, le râle et l'agonie des mourants ! Que serait-ce, s'ils mêlaient à ces affreux tableaux le mugissement des vagues, l'insulte des geôliers, l'aboiement des chiens, et le passage des fantômes dans leur tête en délire !.......................

» Rendons grâces à la bienfaisance de Louis XVI, qui défendit les prisons dont le pavé ne s'élevait pas au-dessus du sol. Ne semble-t-il pas que ce bon prince pressentait secrètement qu'un cachot lui était réservé et qu'une tour devait être son dernier palais ? Puissent les habitants du Havre, en voyant la Tour de François Ier, se rappeler parfois de quelles bastilles le meilleur des rois les a délivrés. »

Et maintenant que, pélerin de la dernière heure, nous sommes venu aussi, après vingt ans, étudier la vieille Tour du Havre et son histoire, ce n'est pas sans quelque émotion que nous traçons ces quelques lignes, tandis que, dépouillée de sa couronne de créneaux, elle n'offre plus que l'aspect d'une noble ruine qui tombe chaque jour sous le marteau démolisseur (1). Quelques jours encore, et il ne restera plus rien de la grosse Tour du Havre, et nos yeux verront la puissante machine de la drague creuser le sol au-dessous de ses profonds cachots. Ainsi tout passe et finit sur la terre, et les monuments qui semblaient les plus durables, après avoir défié les guerres et le temps, disparaissent par le fait même du progrès et des améliorations dues au génie de l'homme. Voyez comme tout se transforme et prend une nouvelle destination, et quels changements la ville du Havre a vu s'accomplir, depuis trois siècles, dans ses murs.

L'heure de la prospérité a sonné pour elle, et son sol, remué pour asseoir ses édifices et ouvrir ses bassins, rend des médailles, des inscriptions, des blasons, témoignages des événements notables de son passé, et jusqu'aux osse-

____

(1) Cette notice a été lue dans la séance de la Société Havraise d'Études Diverses du 25 Octobre 1861.

ments de ses soldats, de ses religieuses, de ses pauvres lé-
preux. C'est ainsi qu'en 1848, en creusant le bassin de Leure,
on mit à découvert, près la porte St-Jean, les restes des preux
morts au siége de 1562, victimes de leur dévoûment et de
leur patriotisme; que dans des travaux d'appropriation entrepris à la manufacture, on releva les dépouilles mortelles
des bons capucins qui avaient évangélisé le Havre durant
deux siècles; que tout récemment encore les fouilles du
champ où doit s'élever le lycée révélèrent la présence du cimetière de la léproserie Saint-Roch, situé au bas de la côte de
Sanvic; comme celles de l'ancienne prison, pour la construction de l'hôtel de la gendarmerie, viennent d'arracher au repos de la tombe plusieurs générations des filles de Sainte-
Ursule. Bientôt d'autres travaux pour l'élargissement de
l'avant-port entraîneront la démolition complète de la chapelle Sainte-Elisabeth, à la citadelle, et troubleront dans la paix
de leur sommeil les cendres des vieux guerriers qui y avaient
choisi leur sépulture. Rien n'est donc stable dans le monde,
et les morts eux-mêmes n'y ont pas un champ assuré pour
leur repos.

Adieu donc, Tour du Havre, témoin de la naissance de
la ville et de ses accroissements, baptisée par le peuple du
glorieux nom du roi-chevalier qui voulut te placer à l'entrée
du port de Grâce, pour défendre ces rivages et protéger notre
cité. Depuis 340 ans, fièrement assise au bord de l'Océan, tu
semblais dominer les puissances de l'abîme, tu défias les
vents déchaînés des tempêtes et la fureur des flots qui venaient se briser à tes pieds; forteresse redoutable aux ennemis de la France, tu tenais en respect les flottes anglaise et
hollandaise, armées pour le pillage; tes casemates abondaient
de munitions, tes meurtrières vomissaient le carnage et la
mort. Livrée un jour par la trahison, tu as vu le drapeau britannique flotter plus d'un an sur tes créneaux, mais au moins
tu n'as pas porté la honte d'une capitulation dans un siége.
L'humiliation n'a été que pour les félons et les parjures qui
t'avaient vendue à l'Angleterre. Tu tombes comme toutes les
choses du monde, après des jours brillants et des heures de

revers. Le navigateur ne te saluera plus de la haute mer, à
son retour des lointains voyages ; le pilote n'interrogera plus
tes signaux et tes pavillons ; le vieux père du marin n'ira plus
sur ta plate-forme chercher à l'horizon le navire qui ramène
son fils. Et nous, dans les heures de loisir que réclament le
soin de la santé, nous ne gravirons plus les degrés de notre
vieille Tour, pour, de là, contempler la vaste mer, les flottilles
de la rade, les arrivages des grands steamers que nous envoie
l'Amérique ; nous n'y écouterons plus la voix formidable de
la tempête, les mugissements des flots soulevés par l'orage,
quand les vagues bouillonnantes retombent en montagnes
d'écume sur les digues de granit.

Adieu encore, vieille Tour de François Ier, les Havrais ne
te verront plus, mais ils garderont ton souvenir, ils rediront
longtemps les épisodes tirées de ton histoire, ils montreront,
avec émotion, à leurs petits enfants la place que tu occupais,
et quand on parlera des origines du Havre et de son royal
fondateur, on n'en séparera jamais l'existence de la Tour,
monument cher à la cité, témoin disparu des jours glorieux
de son passé et des événements mémorables, inscrits reli-
gieusement au livre de ses annales.